AF578984

PSYCHÉ,

TRAGEDIE,

REPRÉSENTÉE

PAR L'ACADEMIE ROYALE DE MUSIQUE,

Pour la premiere fois le 19. Avril 1678.

Remise au Théatre le Jeudy vingt-deuxiéme Juin 1713.

A PARIS,

Chez CHRISTOPHE BALLARD, seul Imprimeur du Roy pour la Musique, ruë S. Jean de Beauvais, au Mont-Parnasse.

M. DCC XIII.

Avec Privilege de Sa Majesté.

LE PRIX EST DE TRENTE SOLS.

L'ACADEMIE ROYALE DE MUSIQUE,

AU ROY.

GRAND ROY, *quand l'Univers apprend avec ſurpriſe,*
Qu'a tes ordres par tout la victoire eſt ſurpriſe,
Que, ſur les bords tremblants du Rhin & de l'Eſcaut,
Les Forts les mieux munis, ne coûtent qu'un aſſaut;
On a lieu de penſer que la France occupée,
A s'étendre plus loin par le droit de l'épée,
Pour cueillir les lauriers dûs à tes grands exploits,
Neglige des beaux arts les paiſibles emplois.

Mais quand on voit d'ailleurs que les plaiſirs tranquilles
Regnent avec éclat au milieu de nos Villes,
Pendant ces doux loiſirs ; qui n'aſſûreroit pas
Que la France ne peut accroître ſes Etats?
Il eſt vray cependant que malgré ſes conquêtes,
Elle ſuffit encor à preparer des fêtes ;
Il eſt vray que malgré mille plaiſirs offerts,
Elle ſuffit encor à dompter l'Univers.
Il ſemble que de Mars les rudes exercices
Ne ſont qu'un jeu pour nous ſous tes heureux auſpices,
Et que vaincre, où tu fais voler tes étendards,
C'eſt la ſuite des ſoins que tu prends des beaux arts.
Gand, ce ſuperbe Gand, qui donna la naiſſance
Au plus fier Ennemy qu'ait jamais eû la France,
Ce redoutable Gand, qui pour être aſſiegé,
Demande un peuple entier ſur ſes foſſez rangé,
T'a ſoûmis ſon orgueil au moment que l'Eſpagne,
Sûre de ce côté, trembloit pour l'Allemagne.
Ypres te voit paroître, il reconnoît tes loix,
Et rien ne ſe refuſe à l'Empire François.
Quel trouble pour l'Europe, & combien d'épouvante
Jette dans tous les cœurs ta valeur triomphante!
Ces Peuples contre nous, ardents à ſe liguer,
Attendent le moment qui les va ſubjuguer.
Nous ſeuls goûtons la paix que tes exploits nous donnent,
Et tandis qu'en tous lieux les trompettes réſonnent ;
Que leur bruit menaçant fait retentir les airs,
Paris ne les entend que dans nos ſeuls concerts.

PERSONNAGES
DU PROLOGUE.

VENUS. Mademoiſelle Heuſé.
L'AMOUR. Mademoiſelle Linbourg.
CHOEUR des Divinitez de la Terre & des Eaux.

Noms des Actrices & des Acteurs, chantants dans tous les Chœurs du Prologue & de la Tragedie.

SECOND RANG. PREMIER RANG.

MESDEMOISELLES

Linbourg.	Tetlet.	Dulaurier.	Boiſé.
Guillet.	Paſquier.	Baſſet.	Billon.
La Roche.	Meſnier.	De Kerkof.	Conſtance.

MESSIEURS

Paris.	Lemire.	Le Jeune.	Morand.
Thomas.	Haubeau.	Lebel.	Alexandre.
Corby.	Solé.	Deſhayes.	La Roſiere.
Courteil.	Lecomte.	Gervais.	Dupleſſis.
Flamand.	Desjardins.	Cadot.	
Bertrand.			

DIVERTISSEMENT du Prologue.

FLORE.

Mademoiselle Pouſſin.

SUITE DE FLORE.

Meſſieurs P-Dumoulin, Guyot, & Dangeville-C.
Meſdemoiſelles Haran, Mangot, & Corbiere.

VERTUMNE.

Monſieur Buſeau.

FAUNES.

Meſſieurs Javilliers, & Pierret.

DRIADES.

Meſdemoiſelles Lemaire, & Leroy.

PALEMON.

Monſieur Lebel.

FLEUVES.

Monſieur F-Dumoulin.
Meſſieurs Germain, & Dumoulin-L.

NAYADES.

Meſdemoiſelles Menés, & Iſec.

PROLOGUE.

Le Théatre repréſente une Cour magnifique au bord de la Mer.

FLORE paroît au milieu du Théatre, ſuivie de ſes NYMPHES, & accompagnée de VERTUMNE Dieu des Arbres & des Fruits, & de PALEMON Dieu des Eaux ; Chacun de ces Dieux conduit une Troupe de Divinitez, L'un meine à ſa ſuite des Driades & des Silvains, & l'autre des Dieux des Fleuves & des Naïades. FLORE chante ce recit pour inviter VENUS à deſcendre ſur terre.

FLORE.

E n'eſt plus le temps de la guerre,
Le plus puiſſant des Rois
Interrompt ſes exploits,
Pour donner la paix à la terre.

Deſcendez, Mere des Amours,
Venez nous donner de beaux jours.

CHOEUR des Divinitez de la Terre & des Eaux.

Nous goûtons une paix profonde ;
Les plus doux jeux sont icy-bas ;
On doit ce repos plein d'appas
Au plus grand Roy du monde.
Descendez, Mere des Amours,
Venez nous donner de beaux jours.

Danse de Fleuves, de Nayades, de Faunes, & de Driades.

VERTUMNE.

Rendez-vous, Beautez cruelles,
Soûpirez à vôtre tour.

PALEMON.

Voicy la Reine des Belles,
Qui vient inspirer l'amour.

VERTUMNE.

Un bel Objet toûjours sévere
Ne se fait jamais bien aimer.

PALEMON.

C'est la beauté qui commence de plaire ;
Mais la douceur acheve de charmer.

ENSEMBLE.

C'est la beauté qui commence de plaire,
Mais la douceur acheve de charmer.

Les Divinitez qui suivent VERTUMNE & PALEMON, mêlent leurs danses au chant de FLORE.

FLORE.

FLORE.

Est-on sage,
Dans le bel âge,
Est-on sage
De n'aimer pas?
Que sans cesse
L'on se presse
De goûter les plaisirs icy bas;
La sagesse
De la jeunesse,
C'est de sçavoir joüir de ses appas.

L'Amour charme
Ceux qu'il desarme,
L'Amour charme,
Cédons luy tous.
Nôtre peine
Seroit vaine,
De vouloir resister à ses coups;
Quelque chaîne
Qu'un Amant prenne,
La liberté n'a rien qui soit si doux.

VENUS descend dans une grande machine de nuages, au travers de laquelle on découvre son Palais. Les Divinitez de la Terre & des Eaux recommencent de joindre leurs voix, & continuent leurs danses.

CHOEUR.

Nous goûtons une paix profonde ;
Les plus doux jeux sont icy-bas ;
On doit ce repos plein d'appas
Au plus grand Roy du monde.

Descendez, Mere des Amours,
Venez nous donner de beaux jours.

VENUS.

Pourquoy du Ciel m'obliger à descendre ?
Mon merite en ces lieux n'a plus rien à pretendre ;
Envain vous m'y rendez ces honneurs solemnels,
Le mépris est mon seul partage,
Et depuis qu'à Psyché les aveugles Mortels
De leurs vœux adressent l'hommage,
Venus demeure sans autels.
Dans une si honteuse offense,
Laissez-moy, sans témoins, resoudre ma vangeance.

FLORE, & les autres Dieux se retirent ; & l'AMOUR descend dans un nuage.

VENUS à l'AMOUR.

Mon Fils, si tu plains mes malheurs,
Fay-moy voir que tu m'es fidele.
Tu sçais combien Psyché me dérobe d'honeurs,
Elle est mon ennemie, il faut me vanger d'elle.

Pour servir mon juste courroux,
Pren de tes traits le plus à craindre,
Un trait qui la puisse contraindre
De se donner au plus indigne Epoux,
Dont jamais une Belle ait eu lieu de se plaindre.
Cour, vole, & par de prompts effets,
Montre que tu prens part aux affronts qu'on m'a faits.

L'AMOUR s'envole, & la grande machine enleve VENUS sur le ceintre, pendant que le Palais disparoît.

FIN DU PROLOGUE.

ACTEURS
DE LA TRAGEDIE.

JUPITER,	Monsieur de la Rosiere.
VENUS,	Mademoiselle Heusé.
L'AMOUR	Monsieur Cochereau.
MERCURE,	Monsieur Choplet.
ZEPHIRE,	Monsieur Buseau.
LE ROY, *Pere de Psyché*,	Monsieur Thevenard.
PSYCHE',	Mademoiselle Journet.
AGLAURE,	Mademoiselle Milon.
CIDIPPE, *Sœur de Psyché*,	Mademoiselle Antier.
LYCHAS,	Monsieur Hardoüin.
Suivantes de la Jeunesse.	Melles Linbourg, & Boisé.
LE DIEU D'UN FLEUVE,	Monsieur de la Rosiere.

Une NYMPHE, *&* l'AMOUR, *qui parlent cachez*, Mesdemoiselles Milon, & Linbourg.

Deux NYMPHES *de l'*ACHERON, Mesd. Milon, & la Roche.

Une NYMPHE *cachée.* Mademoiselle Milon.

Les trois FURIES, Messieurs Dun, Desjardins, & Deshays.

DIVERTISSEMENTS de la Tragedie.

PREMIER ACTE.

POMPE FUNEBRE.

FEMMES *affligées.* Mademoiselle Poussin.
Mesdemoiselles Fleury, Nadal, Rameau, & Mangot.
HOMMES *affligez.* Messieurs Buseau, & Lemire.
Messieurs Pierret, Rameau, Dangeville-C., & Duval.

FLûTES.

Messieurs Hotteterre, Bernier, &c.

DEUXIE'ME ACTE.

VULCAIN. Monsieur Mantienne.

FORGERONS.

Mrs Ferrand, Blondy, Marcel, Gaudrau, F-Dumoulin, P-Dumoulin, D-Dumoulin, & Dangeville-L.

TROISIE'ME ACTE

Divertißement de L'AMOUR.

LA JEUNESSE. Mademoiselle Prevôt.

SUITE DE LA JEUNESSE.

Monsieur Dumoulin-L. & Mademoiselle Menés.
Messieurs Germain, Pierret, Marcel, Gaudrau, D-Dumoulin, & Dangeville-L.
Mesdemoiselles Isec, Haran, Lemaire, Leroy, Mangot, & Corbiere.

QUATRIE'ME ACTE.

DEMONS. Monſieur Blondy.

Meſſieurs Germain, Marcel, Gaudrau, Javillier, P-Dumoulin, F-Dumoulin, D-Dumoulin, & Dangeville-L.

CINQUIE'ME ACTE.

APOLLON. Monſieur Buſeau.

SUITE D'APOLLON.

Meſſieurs P-Dumoulin, & Dangeville-L. *alternativement.*

Meſſieurs Germain, Dumoulin-L., & Gaudrau.

Meſdemoiſelles Menés, Iſec, & Haran.

BACCHUS. Monſieur Lemire.

SUITE DE BACCHUS.

Monſieur D-Dumoulin.

Meſſieurs Javillier, & Pierret.

Meſdemoiſelles Lemaire, & Leroy.

MOMUS. Monſieur Dun.

Suite de MOMUS.

ARLEQUIN. Monſieur F-Dumoulin.

SCARAMOUCHETTE. Mademoiſelle Iſec.

TRIVELAINS. Meſſieurs Duval, Duflot, & Rameau.

ARLEQUINES. Meſd. Haran, Dimanche, & Corbiere.

MARS. Monſieur Hardoüin.

Suite de MARS, joüant du Drapeau.

Mrs. Blondy, Ferrand, Germain, Marcel, & Gaudrau.

PSYCHÉ,

TRAGEDIE.

ACTE PREMIER.

Le Théatre represente un agréable Païsage au pied d'une Montagne qui s'éleve jusqu'au Ciel d'un côté. On voit paroître de l'autre côté une Campagne à perte de vûë.

SCENE PREMIERE.

AGLAURE, CIDIPPE.

AGLAURE.

Enfin, ma Sœur, le Ciel est appaisé,
Et le Serpent qui nous rendoit à plaindre,
Va n'être plus à craindre.
Tout, pour le Sacrifice, est icy disposé:

Psyché, pour l'offrir, va s'y rendre.

CIDIPPE.

Les Peuples, d'erreur prévenus,
La nommoient une autre Venus:
Sur la Divinité c'étoit trop entreprendre.

AGLAURE.

Ils s'en sont vûs assez punis,
Par les maux infinis,
Que du Serpent nous a causé la rage.

CIDIPPE.

Ne songeons plus à nos malheurs passez,
Le Serpent en ces lieux, ne fait plus de ravage,
Ce sont des malheurs effacez.

AGLAURE.

Après un temps plein d'orages,
Quand le calme est de retour,
Qu'avec plaisir d'un beau jour
On goûte les avantages!
Lychas vient à nous.

CIDIPPE.

Son visage
Nous marque une vive douleur.

SCENE II.

SCENE DEUXIÉME.

AGLAURE, CIDIPPE, LYCHAS.

LYCHAS.

AH! Princesse!

AGLAURE.

De quel malheur
Ce soûpir est-il le présage?

LYCHAS.

Ignorez-vous encor le destin de Psyché?

CIDIPPE.

Qu'avons-nous à craindre pour elle?

LYCHAS.

La disgrace la plus cruelle,
Dont vous puissiez jamais avoir le cœur touché.
Tandis que chacun en soûpire,
Elle seule ignore son sort;
Et c'est icy qu'on luy va dire,
Que le Ciel irrité la condamne à la mort.

AGLAURE & CIDIPPE.

A la mort! & le Roy n'y mettroit point d'obstacle?

LYCHAS.

Le Roy d'abord nous a caché l'Oracle;

Mais malgré luy le grand Prêtre a parlé.
Ah ! pourquoy n'a-t-il pû se taire ?
Voicy ce qu'il a révélé,
Et l'Arrest qui nous desespere.

Vous allez voir augmenter les malheurs
Qui vous ont coûté tant de pleurs,
Si Psyché sur le Mont, pour expier son crime,
N'attend que le Serpent la prenne pour victime.

CIDIPPE.

Et Psyché ne sçait rien de ce funeste Arrest ?

LYCHAS.

Pour se rendre Venus propice,
Elle croit n'avoir interest
Qu'à venir en ces lieux offrir un Sacrifice.

AGLAURE.

Voilà l'effet de ce nom de Venus,
On traitoit Psyché d'Immortelle.

CIDIPPE.

C'est de là que nos maux & les siens sont venus :
Qui croiroit que ce fût un crime d'être belle ?

AGLAURE & CIDIPPE.

Ah ! qu'il est dangereux
De trouver un sort heureux
Dans une injuste loüange !
Envain on veut se flater
Tôt ou tard le Ciel se vange,
Quand on ose l'irriter.

LYCHAS.

Voyez comme chacun, regrettant la Princesse,
Abandonne son cœur à l'ennuy qui le presse.

TOUS TROIS.

Pleurons, pleurons; en de si grands malheurs
On ne peut trop verser de pleurs.

Des Personnes désolées viennent en Troupe vers la Montagne, déplorer la disgrace de PSYCHE'. Leurs plaintes sont exprimées par une Femme, & par deux Hommes affligez qui sont suivis de six Personnes joüant de la Flûte, & de huit autres portant des Flambeaux, semblables à ceux dont les Anciens se servoient dans les Pompes funebres.

PLAINTE ITALIENNE.

FEMME *affligée.*

DEh, piangete al pianto mio,
Sassi duri, antiche selve,
Lagrimate, fonti, e belve,
D'un bel volto il fato rio.

Un HOMME *affligé.*

Ahi dolore!

Autre HOMME *affligé.*

Ahi martire!

Un HOMME *affligé.*

Cruda morte!

Autre HOMME *affligé.*

Empia sorte.

Tous trois.

Che condanni à morir tanta Beltà,
Cieli, stele, ahi crudeltà!

FEMME *affligée.*

Rispondete a miei lamenti,
Antri cavi, ascose rupi;
Deh, ridite, fondi cupi,
Del mio duolo i mesti accenti.

IMITATION EN VERS FRANCOIS.

FEMME desolée.

MElez vos pleurs avec nos larmes,
Durs Rochers, froides Eaux, & vous Tigres affreux,
Pleurez le destin rigoureux
D'un Objet dont le crime est d'avoir trop de charmes.

Un HOMME affligé.

O Dieux! quelle douleur!

Autre HOMME affligé.

Ah! quel malheur!

Un HOMME affligé.

Rigueur mortelle!

Autre HOMME affligé.

Fatalité cruelle!

Tous trois.

Faut-il, helas!
Qu'un sort barbare
Puisse condamner au trépas
Une Beauté si rare!
Cieux! Astres pleins de dureté!
Ah! quelle cruauté!

FEMME affligée.

Répondez à ma plainte, Echos de ces boccages,
Qu'un bruit lugubre éclatte au fond de ces forêts;
Que les Antres profonds, les Cavernes sauvages
Repetent les accents de mes tristes regrets.

SCENE TROISIÉME.

LE ROY, PSYCHE', AGLAURE, CIDIPPE.

AGLAURE.

Psyché vient ; à la voir je tremble.

CIDIPPE.

Quel supplice ?
Le moyen de luy dire adieu !

PSYCHE', à ses Sœurs.

Ainsi pour vous rendre en ce lieu
Vous avez prévenu l'heure du Sacrifice ?

AGLAURE.

Ah ! ma Sœur !

CIDIPPE.

Ah ! ma Sœur !

PSYCHE'.

Quels sont vos déplaisirs ?
Quoy ? dans un jour si remply d'allegresse,
Où du Ciel la colere cesse,
Vous pouvez pousser des soûpirs ?

AGLAURE.

Nous plaignons vôtre erreur.

CIDIPPE.

Ah ! trop funestes charmes !

PSYCHE'.

Dites-moy donc le sujet de vos larmes.

AGLAURE & CIDIPPE.

Quand vous sçaurez ce qui les fait couler....
Adieu, nous n'avons pas la force de parler.

SCENE QUATRIÉME.

LE ROY, PSYCHE'.

PSYCHE'.

SEigneur, vous soûpirez vous-même ?
Quels que soient mes malheurs, dois-je les ignorer?

LE ROY.

Appren de mes soûpirs mon infortune extrême.
Appren ce que mon cœur tremble à te declarer.
Quand on se voit reduit à perdre ce qu'on aime,
Il est permis de soûpirer.

PSYCHE'.

Et qui donc perdez-vous ?

LE ROY.

Tout ce qu'en ma famille
J'avois de cher, de precieux :
Le barbare decret des Dieux
Nous demande ton sang, il faut mourir, ma Fille,
Il faut, sur ce Rocher, t'exposer au Serpent :
Et lorsque ma douleur, par mes larmes s'exprime,
C'est pour toy, de ces Dieux, déplroable Victime,
Que ma tendresse les répand.

PSYCHE'.

Si par mon sang leur colere s'appaise,
Plaignez-vous une mort qui finit vos malheurs ?

LE ROY.

Il se peut que ta mort leur plaise,
Et tu condamnes mes douleurs !
Ne di point que le Ciel desormais sans colere,
Semble adoucir le coup qui me prive de toy.
Quand on voit des malheurs, qui ne sont que pour soy,
Le bien public ne touche guere ;
Et si l'Oracle doit me plaire,
A me regarder comme Roy ;
J'en fremis, j'en tremble d'effroy,
A me regarder comme Pere.

PSYCHE'.

PSYCHE'.

Il faut suivre l'ordre des Dieux.

LE ROY.

A des ordres si redoutables,
Je ne les connois point, ces Dieux impitoyables,
Qui veulent m'arracher ce que j'aime le mieux.

PSYCHE'.

Par cet emportement n'attirez point leur haine.

LE ROY.

Que peuvent-ils pour augmenter ma peine?
Je souffre, en te perdant, tout ce qu'on peut souffrir.

PSYCHE'.

Adieu, Seigneur, je vais mourir.

LE ROY.

Tu me quittes?

PSYCHE'

Je veux vous épargner un crime.

LE ROY.

Quoy? du Serpent tu seras la victime?

PSYCHE'.

Vivez heureux.

LE ROY.

Hé! le puis-je sans toy?

PSYCHE'.

Ne pleurez point ma mort, la cause en est trop belle.

LE ROY.

Tu vas sur le Rocher, Cruelle,
Arrête? que fais-tu?

PSYCHE', montant sur le Rocher.

Je fais ce que je doy.

LE ROY.

Au Monstre, sans trembler, tu te livres toy-même?

PSYCHE', sur le Rocher.

Ma fermeté; quand vous vous allarmez,
Doit vous plaire, si vous m'aimez.

LE ROY.

Et tu peux douter que je t'aime?
Ciel! que vois-je? on l'enleve, & les Vents ennemis,
Pour la conduire au Monstre, ont déployé leurs aîles.
Dieux cruels, qui l'avez permis,
Accablez-vous ainsi ceux qui vous sont fideles?

Quatre ZEPHIRS volent vers PSYCHE', qui est sur la Montagne, & l'enlevent sur le Ceintre.

FIN DU PREMIER ACTE.

ACTE SECOND.

Le Théatre repréſente un Palais que VULCAIN fait achever par ſes Cyclopes. Sa Forge ſe voit dans le fond, & toute la Décoration eſt embaraſſée d'enclumes, & de quantité d'autres uſtenciles propres aux Forgerons.

SCENE PREMIERE.

VULCAIN, HUIT CYCLOPES.

VULCAIN.

CYclopes, achevez ce ſuperbe Palais,
Que tout vôtre art s'épuiſe en cet ouvrage;
Faites-y voir un prompeux aſſemblage
Des plus rares beautez qui parurent jamais.

Les Cyclopes ſe preparent à travailler, on entend une Symphonie qui les y excite.

SCENE DEUXIÉME.

ZEPHIRE, VULCAIN.

ZEPHIRE.

PRessez-vous, ce travail que l'Amour vous demande?
Vous hâtez-vous d'accomplir ses desirs?

VULCAIN.

Vous le voyez, Zephire, aussi-tôt qu'il commande,
Obéir est pour moy le plus grand des plaisirs.

ZEPHIRE.

Psyché merite bien une ardeur si fidele,
En ces lieux, pour l'Amour, j'ay conduit cette Belle:
Et maintenant, sur des gazons voisins,
Un doux sommeil de ses sens est le maître.
J'ay fait naître, au tour d'elle, & Roses & Jasmins,
Qu'elle eût pû sans moy faire naître.

VULCAIN.

C'est donc Psyché pour qui je prepare ces lieux?
L'agréable nouvelle!
C'est Psyché, que malgré le titre d'Immortelle,
Venus ne sçauroit voir que d'un œil envieux!
Allez, je feray de mon mieux,
Et suis ravy de m'employer pour elle.
Venus m'a fait d'étranges tours,
Sur la foy conjugale;
Mais je veux l'en punir en prêtant mon secours,
Au triompe de sa Rivale.

ZEPHIRE.

Faites tout pour l'Amour, & rien contre Venus.
Penser à la vangeance, abus, Vulcain, abus.

Quelques tours que nous fasse une Moitié coquette,
Le meilleur est de n'y jamais songer.
Il est toûjours trop tard de s'en vanger.
L'affaire est faite.

Je retourne à Psyché, que je vais éveiller:
Cyclopes, excitez vos bras à travailler.

Les huit Cyclopes commencent leur Entrée, & continüent à embellir le Palais.

VULCAIN aux Cyclopes.

Dépêchez, preparez ces lieux,
Pour le plus aimable des Dieux:
Que chacun pour luy s'interesse,
N'oubliez rien des soins qu'il faut.
Quand l'Amour presse,
On n'a jamais fait assez-tôt.

L'Amour ne veut pas qu'on differe,
Travaillez, hâtez-vous:
Frappez, redoublez vos coups;
Que l'ardeur de luy plaire
Fasse vos soins les plus doux.

L'Entrée des Cyclopes recommence.

VENUS descend dans son Char.

SCENE TROISIÉME.

VENUS, VULCAIN.

VENUS.

QUoy ? vous vous employez pour la fiére Psyché ;
Pour une insolente Mortelle ?
Cet indigne travail vous tient donc attaché,
Et l'Epoux de Venus se declare contre elle ?

VULCAIN.

Et depuis quand, s'il vous plaît, vivons-nous
Dans une amitié si parfaite,
Qu'il faille que je m'inquiete
De tous vos caprices jaloux ?
Il vous sied bien de vous mettre en colere :
Lorsque j'étois jaloux avec plus de raison,
Vous en faisiez-vous une affaire ?
Vous l'êtes maintenant, & vous trouverez bon
Qu'on ne s'en embarrasse guere.

VENUS.

Ah ! que l'amour est promptement guery,
Quand l'Hymen a reduit deux cœurs sous sa puissance !
Que les duretez de Mary
Aux tendresses d'Amant ont peu de ressemblance !

VULCAIN.

Vous connoiſſez toute la difference
Et de l'Amant & de l'Epoux,
Et nous ſçavons lequel des deux chez vous
A merité la preference.

Je ne fais pour Psyché que bâtir un Palais,
Vous êtes encor trop heureuſe :
Si j'étois de nature un peu plus amoureuſe,
Vous me verriez adorer ſes attraits.

La vangeance ſeroit plus belle,
Mais je ſuis à ma Forge occupé nuit & jour.
Je n'ay pas le loiſir de luy parler d'amour,
Et je me borne à travailler pour elle.

VENUS.

Je ſçais que par ces grands aprêts,
C'eſt à mon Fils que vous cherchez à plaire ;
C'eſt luy, qui le premier, trahit mes interêts,
Il ſçaura que je ſuis ſa Mere.

VENUS remonte aux Cieux.

VULCAIN aux Cyclopes.

L'Amour icy nous a mandez exprés,
Achevons, achevons, ce qui nous reſte à faire.

VULCAIN & les Forgerons diſparoiſſent avec la Forge, & l'on voit le Palais dans ſon entiere perfection: Il eſt orné de Vaſes d'or, avec des Amours ſur des pie-d'eſtaux. Il y a dans le fonds un magnifique Portail, au travers duquel on découvre une Cour ovale percée en pluſieurs endroits, ſur un Jardin délicieux.

SCENE QUATRIÉME.

PSYCHE'.

OU ſuis-je ? quel ſpectacle eſt offert à mes yeux ?
D'un effroyable Monſtre eſt-ce icy la demeure ?
Eſt-ce dans ces aimables lieux,
Que l'Oracle veut que je meure ?
Je reconnois la rigueur de mon ſort,
Lorſqu'avec tant d'excés je m'en vois pourſuivie.
Il veut que cette pompe accompagne ma mort,
Pour me faire à regret abandonner la vie.

Cruelle mort, pourquoy tardez-vous tant ?
Que par vôtre lenteur je vous trouve inhumaine !
Venez affreux Serpent, venez finir ma peine,
Vôtre victime vous attend.

On entend une Symphonie.

SCENE V.

SCENE CINQUIÈME.

L'AMOUR, NYMPHES, & ZEPHIRS cachez.

PSYCHE'.

Quels agreables sons ont frappé mes oreilles !

NYMPHE cachée.

Attens encor, Psyché, de plus grandes merveilles.
Tout est, dans ces beaux lieux, soûmis à tes appas.
Pour rendre ton bonheur durable,
Souvien-toy seulement que lorsqu'on est aimable,
C'est un crime de n'aimer pas.

PSYCHE',

Et qui veut-on me faire aimer ?

ZEPHIR caché.

Un Dieu qui se prepare à t'assûrer luy-même
De son amour extrême.

PSYCHE'.

Qui seroit donc ce Dieu que j'aurois sçû charmer ?

L'AMOUR caché.

C'est moy, Psyché, c'est moy qui me rends à vos charmes.

PSYCHE'.

S'il est ainsi, paroissez en ce lieu.

L'AMOUR caché.

Le Destin vous défend de me voir comme Dieu,
Ou ma perte aussi-tôt vous coûtera des larmes.

PSYCHE'.

Et le moyen d'aimer ce qu'on ne voit jamais ?

L'AMOUR caché.

Pour me montrer à vous, je vais dans ce Palais,
Prendre d'un Mortel la figure.

PSYCHE'.

Ah ! venez donc, n'importe sous quels traits,
Pourvû qu'en vous voyant mon esprit se rassûre.

SCENE SIXIÉME.

L'AMOUR, sous la figure d'un jeune Homme.

PSYCHE'.

L'AMOUR.

ET bien, Psyché, des cruautez du Sort
Avez-vous beaucoup à vous plaindre ?
Voicy ce Monstre affreux, armé pour vôtre mort,
Vous sentez-vous disposée à le craindre ?

PSYCHE'.

Quoy! vous êtes le Monstre? & comment à mes yeux
Pourriez-vous être redoutable?
Je sens en vous voyant un desordre agréable,
Qui de mon cœur se rend victorieux.
Il se trouble ce cœur, autrefois si paisible,
Il ne se souvient plus qu'il étoit insensible,
On dit qu'ainsi l'on commence d'aimer.
En parlant de mon cœur mon esprit s'embarasse,
Et je ne connois pas assez ce qui s'y passe,
Pour vous le pouvoir exprimer.

L'AMOUR.

J'éprouve comme vous, un embarras extrême.
De quelle vive ardeur ne suis-je pas touché?
Que de choses à dire! & cependant, Psyché,
Cependant, je ne puis que dire, je vous aime.

PSYCHE'.

Il est donc vray que vous m'aimez?

L'AMOUR.

C'est peu qu'aimer, je vous adore.

PSYCHE'.

Que par ces mots vous me charmez!

L'AMOUR.

Je vous l'ay dit, & vous le dis encore,
Je vous aime, & jamais ne veux aimer que vous.

PSYCHE'.

Je ne puis rien entendre de plus doux.

Quoy? je n'auray point de Rivale?

ENSEMBLE.

Ah! qu'en amour le plaisir est charmant,
Quand la tendresse est égale
Entre l'Amante & l'Amant!

PSYCHE'.

Mais, me laisserez-vous ignorer qui vous êtes,
Vous qui me promettez de m'aimer à jamais?

L'AMOUR.

C'est à regret que je me tais
Sur la demande que vous me faites.
Mon nom, si vous pouviez une fois le sçavoir,
Vous feroit chercher à me voir,
Et c'est à quoy le Destin met obstacle.
Me voir dans mon éclat c'est me perdre à jamais:
Afin que de nos feux rien ne trouble la paix,
J'ay fait donner le surprenant Oracle,
Qui nous laisse tous deux cachez dans ce Palais.
Vous m'y verrez vous adorer sans cesse,
Sans cesse de mon cœur vous faire un nouveau don.
Pourvû que vous sçachiez l'excés de ma tendresse,
Qu'importe de sçavoir mon nom?
Ce n'est point comme un Dieu que je pretens paroître,
Ce titre ne fait pas aimer plus tendrement,
Je ne veux me faire connoître,
Que sous le nom de vôtre Amant.

Venez voir ce Palais, où pour charmer vôtre ame,
Les plaisirs naîtront tour à tour.
Et vous, Divinitez qui connoissez ma flâme,
Marquez, par vos chansons, le pouvoir de l'Amour.

Trois des NYMPHES qui êtoient cachées, commencent à paroître, & chantent les Vers suivants : Six petits AMOURS & quatre ZEPHIRS expriment par leurs danses la joye qu'ils ont des avantages de l'AMOUR.

Ire. NYMPHE.

Aimable Jeunesse,
Suivez la tendresse,
Joignez aux beaux jours
La douceur des Amours.
C'est pour vous surprendre,
Qu'on vous fait entendre,
Qu'il faut éviter leurs soûpirs,
Et craindre leurs desirs.
Laissez-vous apprendre,
Quels sont leurs plaisirs.

IIme. & IIIme. NYMPHES.

Chacun est obligé d'aimer
A son tour,
Et plus on a dequoy charmer,
Plus on doit à l'Amour.

II.me NYMPHE.

Un cœur jeune & tendre
Est fait pour se rendre,
Il n'a point à pretendre
De fâcheux détour.

IIme. & IIIme. NYMPHES.

Chacun est obligé d'aimer
A son tour,
Et plus on a dequoy charmer,
Plus on doit à l'Amour.

IIIme. NYMPHE.

Pourquoy se deffendre?
Que sert-il d'attendre?
Quand on perd un jour,
On le perd sans retour.

IIme. & IIIme. NYMPHES.

Chacun est obligé d'aimer
A son tour,
Et plus on a dequoy charmer,
Plus on doit à l'Amour.

Ire. NYMPHE.

L'Amour a des charmes,
Rendons-luy les armes,
Ses soins & ses pleurs
Ne sont pas sans douceurs;
Un cœur, pour le suivre,
A cent maux se livre.
Il faut, pour goûter ses appas,
Languir jusqu'au trépas,
Mais, ce n'est pas vivre,
Que de n'aimer pas.

Fin du Second Acte.

ACTE TROISIÉME.

Le Théatre represente la Chambre la plus magnifique du Palais de l'Amour. Elle est ornée de Cabinets, de Miroirs & d'autres Meubles tres-riches; on voit dans le fond, une Alcove fermée d'un rideau.

SCENE PREMIERE.

VENUS.

Pompe, que ce Palais de tous côtez étale,
Brillant séjour, que vous blessez mes yeux!
Je ne vois rien, qui ne parle en ces lieux
De la gloire de ma Rivale.
Tant de Divinitez, dont elle a tous les soins,
Et la plus forte complaisance,
Sont autant de honteux témoins,
De son pouvoir, & de mon impuissance.

Que le mèpris est rigoureux
A qui se croit digne de plaire !
Un seul Objet, qu'on nous prefere,
Nous fait un destin malheureux.
Que le mépris est rigoureux
A qui se croit digne de plaire !

Déja la nuit chasse le jour !
Qu'il ne revienne point avant que je me vange.
Je sçais l'ordre du Sort ; si Psyché voit l'Amour,
Aussi-tôt sa fortune change.
Cessons de perdre des soupirs,
Perdons Psyché, sans que Psyché le sçache ;
Elle brûle de voir cet Amant qui se cache,
Il faut contenter ses desirs.

SCENE DEUXIÉME.

VENUS, PSYCHE'.

PSYCHE' sans voir VENUS.]

Que fais-tu ? montre-toy, cher Objet de ma flâme,
Vien consoler mon ame.
La beauté de ces lieux est un enchantement,
Tout m'y paroît charmant,
Mais je n'y vois point ce que j'aime.
Ah ! qu'une absence d'un moment,
Quand la tendresse est extrême,
Est un rigoureux tourment !

PSYCHE'.

PSYCHE' appercevant VENUS.

Par quel art dans ce lieu, vous rendez-vous visible?
On m'y parle souvent, sans qu'on s'y laisse voir.

VENUS.

Le Dieu, que vos beautez ont rendu si sensible,
Pour vous entretenir, m'a laissé ce pouvoir.
C'est à moy, Psyché, qu'il ordonne
De garder ce Palais, où tout suit vôtre loy.

PSYCHE'.

Nymphe, le croiriez-vous, que luy-même empoisonne
Tous les honneurs que j'en reçoy?
Il refuse toûjours de se montrer à moy
Dans tout l'éclat qui l'environne,
Et ce refus blesse ma foy.
Je l'aime, & je voudrois pouvoir tout sur son ame,
Je voudrois avoir lieu du moins de m'en flater,
Quand je forme des vœux qu'il ose rebuter,
Je suis reduite à douter de sa flâme,
Et rien n'est plus cruel pour moy, que d'en douter.

VENUS.

Mais, chaque instant vous marque sa tendresse.

PSYCHE'.

Ah! malgré les soûpirs qu'un Amant nous adresse,
Malgré tous les soins qu'il nous rend,
Il ne faut, pour troubler le bonheur le plus grand,
Qu'un peu trop de délicatesse.

Vous n'êtes pas les plus heureux,
Vous, dont l'amour est si pur & si tendre,
Si tout vôtre repos est réduit à dépendre
Du moindre scrupule amoureux:
Vous, dont l'amour est si pur & si tendre,
Vous n'êtes pas les plus heureux!

VENUS.

Que ne m'est-il permis de vous tirer de peine!

PSYCHE'.

Ah! ne me tenez point plus long-temps incertaine,
Satisfaites mes yeux, vous avez ce pouvoir.

VENUS.

Vous me découvrirez.

PSYCHE'.

Ne craignez rien.

VENUS.

Je n'ose.

PSYCHE'.

Quoy, rien en ma faveur ne vous peut émouvoir?

VENUS.

Eh bien je vais pour vous, oublier mon devoir.
Entrez, c'est dans ce lieu, que vôtre Amant repose,
Goûtez le plaisir de le voir.
Cette lampe, que je vous laisse,
Peut servir à vous éclairer.

PSYCHE'.

Que ne vous dois-je point?

VENUS.

Il faut me retirer.
Ma presence nuiroit au desir qui vous presse.

SCENE TROISIÉME.

PSYCHE', L'AMOUR endormy.

PSYCHE'.

A La fin je vais voir mon destin éclaircy,
Je vais voir cet Amant dont mon ame est éprise.

PSYCHE' leve le rideau qui ferme l'Alcove, & on voit l'AMOUR endormy sous la figure d'un Enfant.

Approchons. Dieux ! que vois-je icy ?
C'est l'Amour : quelle douce & charmante surprise !
C'est l'Amour, qui pour moy, s'est blessé de ses traits.
Maître de l'Univers il vit sous mon empire,
Ce que l'Amour à tous les cœurs inspire,
Il l'a senty pour mes foibles attraits.
Si le plaisir d'aimer est un plaisir extrême,
Quels charmes n'a-t-il pas, quand c'est l'Amour qu'on aime ?
Jamais Amant ne fut si beau,
Si digne de toucher un cœur fidele & tendre.
Et le moyen de se défendre,
De l'adorer jusqu'au tombeau ?
Si le plaisir d'aimer est un plaisir extrême,
Quels charmes n'a t-il pas, quand c'est l'Amour qu'on aime ?
Mais, quel brillant éclat se répand en lieu ?

L'AMOUR.

Tu m'as vû, c'en est fait, tu vas me perdre, adieu.

Lorsque la lampe étincelle, l'AMOUR s'éveille & se dérobe, en s'envolant, aux yeux de PSYCHE'. La Decoration change dans le même instant, & ne laisse plus voir qu'un affreux desert.

SCENE QUATRIÉME.

PSYCHE'.

ARrêtez, cher Amant, où fuïez-vous si vîte?
Arrêtez, Amour, arrêtez.
Pouvez-vous me laisser triste, seule, interdite?
Je meurs puisque vous me quittez.
J'ay voulu vous voir, c'est mon crime,
Ma tendresse a causé mon trop d'empressement.
Et ne devoit-il pas paroître legitime,
Du moins aux yeux de mon Amant?
Ciel! le funeste excés de mon inquiétude
Occupoit à tel point mon esprit affligé,
Que je ne voyois point ce beau palais changé
En une affreuse solitude.

SCENE CINQUIÉME.

VENUS, PSYCHÉ.

PSYCHÉ.

AH! Nymphe, venez-vous soûlager mes ennuis?

VENUS.

Crain tout, ouvre les yeux, & connois qui je suis,
C'est Venus que tu vois.

PSYCHÉ.

Dieux! se pourroit-il faire,
Que Venus, pour me perdre, eût pû se déguiser!

VENUS.

Dans l'ardeur de punir ton orgueil temeraire,
Exprés j'ay voulu t'abuser.
Aprés que, pour flater ta beauté criminelle,
Mes honneurs m'ont été ravis,
Je souffriray qu'une simple Mortelle
Porte ses vœux jusqu'à mon Fils?

PSYCHÉ.

Déesse, suivez moins une aveugle colere.
Voyez pour qui j'ay consenty d'aimer.
L'Amour peut-il chercher à plaire,
Qu'il ne soit sûr aussi-tôt de charmer?

VENUS.

Non, je te puniray de luy paroître aimable,
Tes charmes l'ont réduit à t'aimer malgré moy,
Et je te tiens seule coupable
Des soûpirs qu'il pousse pour toy.

PSYCHÉ.

Vous ne m'écoûtez point, & cependant, Déesse,
Tout ce que je vous dis, vous l'avez trop senty.
Quoy? vous condamnez ma tendresse!
Eh vôtre cœur s'en est-il garanty?
Il a payé ce tribut necessaire.
Le mien est-il si fort qu'il s'en doive exempter?
Si l'Amour sous ses loix a pû ranger sa Mere,
Est-ce à Psyché de resister?

VENUS.

Envain de ton orgueil tu prétends fuïr la peine.
Le Sort te soûmet à ma haine,
Ecoûte, & ne replique pas.
Pour fléchir la rigueur, où mon couroux s'obstine,
Vers les rives du Stix il faut tourner tes pas,
Et m'apporter la boëte, où Proserpine
Enferme ce qui peut augmenter ses appas;
C'est l'employ qu'à tes soins ma vangeance destine.

SCENE SIXIÉME.

PSYCHE'.

VOus m'abandonnez donc, Cruel & cher Amant?
Venez, venez me traiter de coupable.
Malgré tous les malheurs, dont le destin m'accable,
Vôtre absence est mon seul tourment.
Douces, mais trompeuses Délices!
Deviez-vous commencer & finir en un jour?
A peine ay-je goûté les douceurs de l'amour,
Que j'en ressens les plus affreux supplices.
Pourquoy chercher le chemin des Enfers?
C'est la mort, c'est la mort qui me le doit apprendre,
Les flots, qu'aux malheureux ce Fleuve tient ouverts,
M'offrent celuy que je dois prendre.

PSYCHE' étant prête à se précipiter dans les flots, le FLEUVE paroît assis sur son Urne environné de roseaux.

SCENE SEPTIÉME.

LE FLEUVE, PSYCHÉ.

LE FLEUVE.

ARrêtez, c'est trop tôt renoncer à l'espoir,
Il faut vivre, l'Amour l'ordonne.

PSYCHÉ.

Dites plûtôt que l'Amour m'abandonne,
Quand Venus contre moy fait agir son pouvoir:
A descendre aux Enfers sa haine m'a réduite.

LE FLEUVE.

Ne crain rien, je t'en veux apprendre le chemin.
Viens icy prendre place, & tu seras instruite
Des ordres du Destin.

PSYCHÉ va s'asseoir.

FIN DU TROISIÉME ACTE.

ACTE IV.

ACTE QUATRIÉME.

Le Théatre repréſente une Sale du Palais de PROSERPINE.

SCENE PREMIERE.

PSYCHÉ

PAR quels noirs & fâcheux paſſages,
M'a-t'on fait deſcendre aux Enfers?
Ce ne ſont qu'abîmes ouverts
A ſaiſir de frayeur les plus fermes courages.

Ces lieux, qui de la mort ſont le triſte séjour,
Ne reçoivent jamais le jour,
L'horreur en eſt extrême.
Mais tout affreux que je les voy,
Qu'ils auroient de charmes pour moy,
Si j'y rencontrois ce que j'aime!

N'y penſons plus, mon bonheur eſt changé,
J'ay voulu voir l'Amour, & l'Amour s'eſt vangé.

Vous, que ces demeures affreuses,
Couvrent d'une éternelle nuit,
Apprenez, Ombres malheureuses,
Le déplorable état, où le Ciel me réduit.

Du plus heureux destin la gloire m'est certaine,
Et quand j'en puis joüir, sans craindre les jaloux,
Un desir curieux, dont la force m'entraîne,
Me fait perdre l'objet de mes vœux les plus doux.
Parmy tous vos tourments, Ombres, connoissez-vous
Un supplice égal à ma peine.

On entend une Symphonie violente. Des DEMONS passent sur le Théatre, & commencent à épouvanter PSYCHE'. Ils sont à l'instant suivis des trois FURIES.

SCENE DEUXIÉME.

LES TROIS FURIES, PSYCHE'.

LES TROIS FURIES.

OU penses-tu porter tes pas,
Témeraire Mortelle?
Quel destin parmy nous t'appelle?
Vien-tu nous braver icy-bas?

PSYCHE'.

Un ordre souverain qu'il faut executer;
M'oblige à chercher vôtre Reine.
En me la faisant voir, vous finirez ma peine,
Elle voudra bien m'écoûter.

LES TROIS FURIES.

Non, n'atten rien de favorable,
Jamais dans les Enfers on ne fût pitoyable.

PSYCHE'.

Deux mots, & de ces lieux je suis prête à sortir.
Conduisez-moy vers Proserpine.

UNE FURIE.

Puisqu'à la voir elle s'obstine,
Promptement qu'on l'aille avertir.

LES TROIS FURIES.

Cependant montrons-luy ce que ces lieux terribles,
Ont d'objets plus horribles.

Les DEMONS forment une danse, & montrent à PSYCHE' ce qu'il y a de plus effroyable dans les Enfers.

SCENE TROISIÉME.

LES TROIS FURIES, DEUX NYMPHES de l'Acheron, PSYCHE'.

LES TROIS FURIES.

VEnez, Nymphes de l'Acheron,
Aidez-nous à punir l'audace criminelle
D'une fiere Mortelle,
Qui vient troubler l'Empire de Pluton.

LES DEUX NYMPHES.

Envain ce soin vous embarasse:
Nous avons l'ordre, allez, & nous quittez la place.

Les trois FURIES sortent.

PSYCHE'.

Que m'est-il permis d'esperer?
Me fera-t'on enfin conduire à vôtre Reine?

Premiere NYMPHE.

Psyché, cessez de soûpirer,
Si Venus vous poursuit, on fléchira sa haine.

PSYCHE'.

Quoy, l'on sçait dans ce noir séjour
A quels maux Venus me destine?

Seconde NYMPHE.

Mercure envoyé par l'Amour,
Vient d'en instruire Proserpine:
Elle sçait quel present Venus attend de vous,
Et pour vous l'apporter, elle se sert de nous.

PSYCHE' après avoir pris la Boëte des mains de la NYMPHE.

Ah! que mes peines sont charmantes,
Puisque l'Amour cherche à les soulager!
Dés qu'il veut rendre un mal leger,
Il n'a plus de chaînes pesantes.

Ah! que mes peines sont charmantes,
Puisque l'amour cherche à les soûlager!

Mais, de ces lieux par où ſortir?
Tout ce que je vois m'intimide.

Elle montre les Demons qui ſont dans les aîles du Théatre.

LES DEUX NYMPHES.

Perdez l'effroy, dont vos ſens ſont glacez,
Nous allons vous ſervir de guide.
Vous, noirs Eſprits, diſparoiſſez.

Quatre Démons traverſent le Théatre en volant, & vont ſe perdre au travers de la voûte de la Salle de PROSERPINE.

FIN DU QUATRIE'ME ACTE.

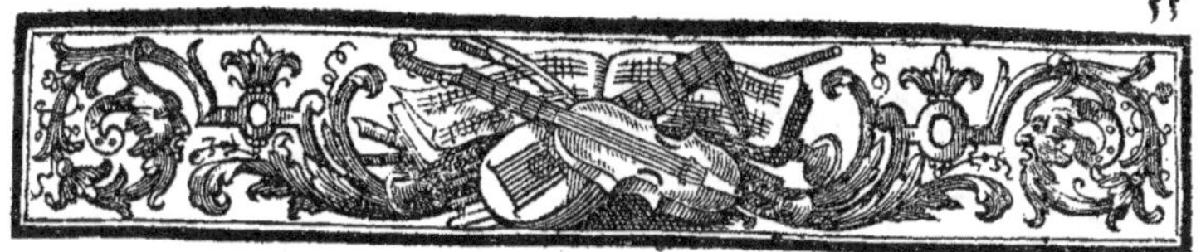

ACTE CINQUIÉME.

Le Théatre représente les Jardins de VENUS.

SCENE PREMIERE.

PSYCHE'.

SI je fais vanité de ma tendresse extrême,
En puis-je trop avoir quand c'est de l'Amour même,
Que mon cœur s'est laissé charmer?
Je sens que rien ne peut ébranler ma constance.
Ah! pourquoy m'obliger d'aimer,
S'il faut aimer sans esperance?
Sans esperance? non c'est offenser l'Amour.
Ce Dieu qui plaint les maux dont je suis poursuivie,
Jusques dans les Enfers a pris soin de ma vie,
Et c'est par luy que je reviens au jour.
Ce sont icy les Jardins de sa Mere,
Peut-être en ce moment il luy parle de moy.
Je puis l'y rencontrer, Pour meriter sa foy,
Cherchons jusqu'au bout à luy plaire.
Si mes ennuis ont pû ternir
Ces attraits dont l'éclat m'a sçû rendre coupable,
Cette Boëte me va fournir,
Dequoy paroître encor aimable.

Ouvrons.... Quelles promtes vapeurs,
Me font des sens perdre l'usage!
Si la mort finit mes malheurs,
O Toy qui de mes vœux reçois le tendre hommage,
Songe, qu'en expirant, c'est pour toy que je meurs.

PSYCHE' tombe sans force sur un gazon, où elle demeure couchée.

SCENE DEUXIÉME.

VENUS, PSYCHE'.

VENUS.

ENfin, Insolente Rivale,
Tu reçois ce qu'a merité
L'orgueilleuse témerité
De te croire à Venus égale.
Par l'état déplorable où j'ay reduit ton sort;
Voy ce que mon courroux te laisse encor à craindre.
Si tes malheurs si-tôt finissoient par la mort,
Ton sort ne seroit pas à plaindre.

PSYCHE', couchée sur le gazon.

Pourquoy me rappeller au jour,
S'il ne m'est pas permis de vivre pour l'Amour?

VENUS.

Quoy? ton orgueil encor jusqu'à mon Fils aspire?
Mon Fils est l'objet de tes vœux;
Et l'obstacle fatal que j'ay mis à tes feux
Ne t'a point affranchie encor de son empire?

Cet

Cet amour de ton cœur ne peut être arraché ?

PSYCHE' sur le gazon.

Vien, cher Amant, vien recevoir ta Psyché.

VENUS.

Les maux, dont tes ſoûpirs marquent la violence,
A la pitié pour toy devroient s'intereſſer;
Mais le plaiſir de la vangeance
Eſt trop doux pour y renoncer.

MERCURE deſcend icy en volant.

SCENE TROISIÉME.

MERCURE, VENUS.

MERCURE.

VOus croyez trop la jalouſe colere
Qui vous anime contre un Fils.

VENUS.

Quoy, Mercure, on n'aura pour moy que du mépris?
Je pourray me vanger, & n'oſeray le faire?

MERCURE.

L'Amour eſt venu dans les Cieux,
Jupiter a reçû ſa plainte,
Et n'enviſage qu'avec crainte,
Le deſordre éternel qui menace les Dieux.
Par l'ordre du deſtin, Psyché vous eſt ſoûmiſe,
Quand vous la pourſuivez, ſon ſort dépend de vous:
Mais, voyez dans cette entrepriſe,
Quels malheurs ont déja ſuivis vôtre courroux.

L'Amour, dont les ennuis n'ont pû toucher vôtre ame,
Empoisonne les traits dont il perce les cœurs.
Il les ouvre à la haine, aux dédains, aux rigueurs,
Tout languit, & rien ne s'enflâme.
La Discorde est parmy les Dieux,
La Paix s'éloigne de la terre,
On se haït on se fait la guerre.
Ces maux que vous causez, vous sont-ils glorieux ?

VENUS.

Ah ! qu'on me laisse ma colere,
Elle vange un trop juste ennuy.
L'Amour à l'univers, est-il si necessaire,
Qu'on ne puisse être heureux sans luy ?

MERCURE.

S'il est quelque bonheur, c'est l'Amour qui l'assûre;
Tout flate en aimant, tout nous rit :
Otez l'Amour de la nature,
Toute la nature perit.

VENUS.

On veut donc m'obliger à consentir qu'il aime ?

MERCURE.

Jupiter qui paroît, vous le dira lui-même.

JUPITER descend sur sur Trône, au milieu de son Palais.

SCENE QUATRIÉME.

JUPITER, VENUS, L'AMOUR, MERCURE, PSYCHE'.

JUPITER.

Venus veut-elle resister?
N'a-t-elle point assez écoûté sa colere,
Et l'Amour qui languit, ne peut-il se flater,
Que ses maux toucheront sa Mere?

VENUS.

Quoy, je souffriray qu'à mon Fils,
Une simple Mortelle aspire?

JUPITER.

Si tu ne m'en veux point dédire,
Il n'est rien pour Psyché qui ne me soit permis.
Seule, aux yeux de l'Amour, elle est aimable & belle:
Pour l'égaler à lui, je la fais immortelle.

VENUS.

Puisque d'une Immortelle, il doit être l'Epoux,
Jupiter a parlé, je n'ay plus de courroux.

JUPITER.

Vien, Amour, tes soûpirs emportent la victoire.

VENUS.

Psyché, revoy le jour,
On te permet enfin de vivre pour l'Amour.

PSYCHE' se levant.

Vous y consentez? quelle gloire!

JUPITER, à PSYCHE'.

Vien prendre place auprés de ton Amant.

PSYCHE' à l'AMOUR.

On me rend donc à vous, ô destin plein de charmes!

L'AMOUR.

O favorable changement!

JUPITER.

Aimez sans trouble & sans allarmes.
Vous, Dieux, accourez tous, & dans cet heureux jour,
Celebrez à l'envy la gloire de l'Amour.

L'AMOUR descend, & va s'asseoir aux pieds de JUPITER. VENUS & PSYCHE' étant enlevées par un nuage, vont se placer aux deux côtez de l'AMOUR, APOLLON, BACCHUS, MOME & MARS descendent dans leurs machines, auprés de leurs Quadrilles. Le Jardin disparoît, & tout le Théatre represente le Ciel.

APOLLON conduit les ARTS; BACCHUS est accompagné de SILENE, de SATIRES & de MENADES; MOMUS, Dieu de la Raillerie, mene aprés luy une Troupe enjoüée de POLICHINELLES & de TRIVELAINS; & MARS paroît à la tête d'une Troupe de GUERRIERS, suivis de Tymballes, de Tambours & de Trompettes.

APOLLON.

Unissons-nous, Troupe immortelle,
Le Dieu d'Amour devient heureux Amant:
Et Venus a repris sa douceur naturelle,
En faveur d'un Fils si charmant.
Il va goûter en paix, aprés un long tourment,
Une felicité qui doit être eternelle.

CHOEUR DES DIVINITEZ CELESTES.

Celebrons ce grand jour;
Celebrons tous une fête si belle:
Que nos chants en tous lieux, en portent la nouvelle;
Qu'ils fassent retentir le celeste séjour.
Chantons, répetons tour à tour,
Qu'il n'est point d'ame si cruelle,
Qui tôt ou tard ne se rende à l'Amour.

MOMUS.

Je cherche à médire,
Sur la terre & dans les cieux;
Je soûmets à ma Satyre
Les plus grands des Dieux.
Il n'est dans l'univers que l'Amour qui m'étonne,
Il est le seul que j'épargne aujourd'huy;
Il n'appartient qu'à luy,
De n'épagner personne.

CHOEUR DES DIEUX.

Chantons les plaisirs charmants
Des heureux Amants.
Répondez-nous, Trompettes,
Tymbales & Tombours:
Accordez-vous toûjours
Avec le doux son des Musettes,
AccordeZ-vous toûjours
Avec le doux chant des Amours.

Les ARTS travestis en Bergers galants pour paroître avec plus d'agrément à cette fête, commenceent les premiers à danser.

APOLLON.

Le Dieu, qui nous engage
A luy faire la cour,
Défend qu'on soit trop sage.
Les plaisirs ont leur tour:
C'est leur plus doux usage,
Que de finir les soins du jour;
La Nuit est le partage
Des Jeux & de l'Amour.

BACCHUS.

Admirons le jus de la Treille:
Qu'il est puissant! qu'il a d'attraits!
Il sert aux douceurs de la paix,
Et dans la guerre il fait merveille:
Mais, sur tout, pour les Amours,
Le vin est d'un grand secours.

Une Troupe de POLICHINELLES & de TRIVELAINS vient joindre leurs plaisanteries & leurs badinages, aux divertissements de cette grande fête.

MOMUS.

Folâtrons, divertissons-nous,
Raillons, nous ne sçaurions mieux faire,
La raillerie est necessaire
Dans les jeux les plus doux.
Sans la douceur, que l'on goûte à médire,
On trouve peu de plaisirs sans ennuy;
Rien n'est si plaisant que de rire,
Quand on rit aux dépens d'autruy.

MARS.

Laissons en paix toute la terre,
Cherchons de doux amusements;
Parmy les jeux les plus charmants,
Mêlons l'image de la guerre.

Quatre Hommes portants des Enseignes, s'en servent à faire paroître leur adresse en dansant.

SCENE DERNIERE.

Les quatre Troupes differentes de la Suite d'APOLLON, de BACCHUS, de MOMUS & de MARS s'unissent ensemble, & forment la derniere Entrée. Un Chœur de toutes les voix & de tous les instruments, se joint à la danse generale, & termine la fête des Nôces de l'AMOUR & de PSYCHE'.

LE CHOEUR.

CHantons les plaisirs charmants
Des heureux Amants:
Répondez-nous, Trompettes,
Tymbales & Tambours;
Accordez-vous toûjours
Avec le doux son des Musettes;
Acccordez-vous toûjours
Avec le doux chant des Amours.

FIN DU CINQUIE'ME ET DERNIER ACTE.

PRIVILEGE GENERAL.

LOUIS PAR LA GRACE DE DIEU, ROY DE FRANCE ET DE NAVARRE: à nos amez & feaux Conseillers, les Gens tenant nos Cours de Parlement, Maîtres des Requêtes ordinaires de nôtre Hôtel, Grand Conseil, Prévôt de Paris, Baillifs, Senêchaux, leurs Lieutenants Civils, & autres nos Justiciers qu'il appartiendra, SALUT: Le Sieur GUYENET, nôtre Conseiller-Tresorier-General-Receveur & Payeur des Rentes de l'Hôtel de nôtre bonne Ville de Paris, Nous a fait remontrer qu'ayant obtenu de Nous le Privilege de faire representer les OPERA durant le temps de dix années, à compter du premier Mars 1709. Il auroit depuis acquis les Privileges que Nous avions cy-devant accordez aux Sieurs de Francini, de Lully fils, & Ballard, pour l'impression desdits OPERA, lesquels il desireroit donner au Public, s'il Nous plaisoit luy accorder nos Lettres de Privilege sur ce necessaires. A CES CAUSES, desirant favorablement traiter l'Exposant, attendu les grandes dépenses qu'il convient faire, tant pour l'Impression que pour la Gravure en Taille-douce des Planches dont ce Livre sera orné. Nous luy avons permis & permettons par ces présentes de faire imprimer & graver les PAROLES, ET LA MUSIQUE DE TOUS LESDITS OPERA QUI ONT ETÉ, OU QUI SERONT REPRESENTEZ PAR L'ACADEMIE ROYALE DE MUSIQUE, tant separement, que conjointement, en telle forme, marge, caractere, nombre de Volumes, & de fois que bon luy semblera, & de les faire vendre & debiter par tout nôtre Royaume, pendant le temps de dix années consecutives, à compter du jour de la datte desdites présentes. FAISONS DEFENSES à toutes personnes de quelque qualité & condition qu'elles puissent être, d'en introduire d'impression étrangere, dans aucun lieu de nôtre obeissance; Et à tous Imprimeurs, Libraires, Graveurs, & autres, d'Imprimer, faire Imprimer, vendre, faire vendre, debiter, ny contrefaire lesdites Impressions, Planches & Figures, en tout ny en partie, sans la permission expresse & par écrit dudit Sieur Exposant, ou de ceux qui auront Droit de luy, à peine de confiscation des Exemplaires contrefaits, de six mil livres d'amende contre chacun des contrevenants, dont un tiers à Nous, un tiers à l'Hôtel-Dieu de Paris, l'autre tiers audit Sieur Exposant, & de tous dépens, dommages & interests: à la charge que ces présentes seront Enregistrées tout au long sur le Registre de la Communauté des Imprimeurs & Libraires de Paris, & ce dans trois mois de la datte d'icelles; Que la Gravure & Impression desdits Opera, sera faite dans nôtre Royaume, & non ailleurs, en bon Papier & en beaux Caracteres conformement aux Reglements de la Librairie; & qu'avant que de les exposer en vente, il en sera mis deux Exemplaires dans nôtre Bibliotheque publique, un dans celle de nôtre Château du Louvre, & un dans celle de nôtre tres-cher & feal Chevalier Chancellier de France le Sieur Phelypeaux, Comte de Pontchartrain, Commandeur de nos Ordres; le tout à peine de nullité des présentes: du contenu desquelles, vous mandons & enjoignons de faire joüir ledit Sieur Exposant, ou ses Ayants cause, pleinement & paisiblement, sans souffrir qu'il leur soit fait aucun trouble ou empêchement. VOULONS que la copie desdites présentes, qui sera imprimée, au commencement ou à la fin desdits Opera, soit tenuë pour duëment signifiée, & qu'aux copies collationnées, par l'un de nos amez & feaux Conseillers & Secretaires, foy soit ajoûtée comme à l'Original. COMMANDONS au premier nôtre Huissier ou Sergent, de faire pour l'exécution d'icelles, tous Actes requis & necessaires, sans demander autre permission, & nonobstant Clameur de Haro, Charte Normande, & Lettres à ce contraires: CAR tel est nôtre plaisir. DONNÉ à Paris le vingt deuxiéme jour de Juin, l'An de grace 1709. Et de nôtre Regne, le soixante-septiéme. Par le ROY, en son Conseil. Signé, LE COMTE, avec Paraphe, & scellé.

J'ay cedé à Monsieur *Ballard*, seul Imprimeur du Roy pour la Musique, le present Privilege, suivant le Traité fait avec luy le 19e. jour d'Avril 1709. A Paris ce 12. Juillet 1709. Signé, GUYENET.

Registré sur le Registre No. 2. *de la Communauté des Imprimeurs & Libraires de Paris, page* 461. No. 901. *&* 902. *conformément aux Reglements, & nottament à l'Arrest du Conseil du* 13. *Aoust* 1703. *A Paris ce* 12. *Juillet* 1709. Signé L. SEVESTRE, Syndic.

www.ingramcontent.com/pod-product-compliance
Lightning Source LLC
LaVergne TN
LVHW050430160826
845677LV00002BA/635

* 9 7 8 2 3 2 9 6 7 6 6 0 9 *